Colección Dorada

UNE PARTIE DE MA VIE

AUTOR:

ANYEL SOTO

Une partie de ma vie®
Anyel Soto

EDICIÓN:

Dr. Nil Alfonso Hernández
Lcda. Mirian Hernández
Lcdo. Luis Angel Reyes

PORTADA:

Lcdo. Luis Angel Reyes

DISEÑO Y DIAGRAMACIÓN:

Lcda. Mirian Hernández
Lcdo. Luis Angel Reyes

DEPÓSITO LEGAL: ZU2021000129

ISBN: 978-980-18-1876-2

PUBLICADO EN:

Puerto Cabello – Venezuela

www.colecciondorada.com

DEDICATORIA

Dedicado a Cristell Pérez

***

UNE PARTIE
DE MA VIE

LO QUE TE OFREZCO

No te prometo
algo especial,
algo perfecto
o algo inmortal.
Pero si te ofrezco
un amor sincero,
un amor honesto,
un amor verdadero.
No me pidas algo
que sea imposible,
eso no lo comparto.
Te doy amor incorregible,
un amor largo,
un amor accesible.

COMO TE VEO

Ni el amanecer es tan bello como tu sonrisa,
ni el atardecer es tan puro como tu mirada.
Cuando te observo, mi corazón no se paraliza,
más bien late de una forma muy acelerada.
Pensando en ti, la inspiración sobraría,
tanto así que las palabras no se alcanzarán.
Para escribir tantas y tantas poesías,
surgidas de un corazón y una mente enamorada.
En tu mirada me perdí
de una manera tan especial,
ahora mi amor es para ti.
No te voy a fallar,
no te haré sufrir,
siempre te voy a amar.

MI CONDENA

¡Me la paso pensando en ti y solo en ti!
¿No sé qué pasa con mi vida?
Siento que hoy voy a sufrir,
si no veo a mi princesa en este día.
Pensar en tu sonrisa
se ha vuelto en mi locura,
tu mirada me hipnotiza
y me llena de ternura.
El sentimiento más puro,
lo refleja tu mirada,
de eso estoy seguro.
Mi vida estaba arruinada,
vacía y sin futuro,
ahora amarte está condenada.

SOLO UN BESO

Labios de princesa,
libres como las aves.
Si tu no me besas,
prefiero que el mundo se acabe.
Es tu mirada divina
la que a mí me vuelve loco.
Es que tú me fascinas,
y me enamoras poco a poco.
Admiro tus virtudes
pero amo tus defectos,
eso no lo dudes.
Me encantas, lo acepto,
tú me llevas a las nubes
con tan solo un beso.

RARO, PERO SINCERO

Te quiero, no porque lo quiera,
y no quiero dejar de quererte.
No puedo olvidarte, y aunque lo pudiera,
no lo haría porque quererte me hace más fuerte.
No sé si es amor lo que siento,
pero cuando estoy contigo, no siento ni dolor.
Estar vivo no es igual a estar viviendo,
y sin ti, muerto estaría mejor.
No tenerte,
es un dolor,
muy fuerte.
Te escribo con amor y
con miedo a perderte,
eso sería lo peor.

AMOR MUTUO

¡Bésame! Hasta olvidar que existo
¡Bésame! Con toda la pasión de tu ser
¡Mírame! Sé que sientes lo mismo
¡Abrázame! Y hazme enloquecer.
Te siento tan cerca, aunque estés lejos,
y odio cada paso que nos separa.
La distancia separa cuerpos, no sentimientos,
y mis sentimientos siguen de forma clara.
De una manera muy honesta,
mi corazón te ama,
aunque no igual de perfecta.
Mi soledad te llama,
todo lo demás resta,
si tu belleza se declama.

LO QUE DE TI PIENSO

Pienso en no pensar,
y sin pensar, siento,
que tienes un corazón inmenso,
imposible de no adorar.
Sin buscarte te encontré,
en ese día tan dichoso,
sin planearlo, de ti me enamoré,
en ese día tan hermoso.
Como por arte de magia,
llegaste a mi vida,
con amor que contagia.
No encuentro otra salida,
eres la princesa que encaja,
sin necesidad de fantasía.

FLOR DE HACIENDA

Para qué quiero una rosa,
si una flor de Hacienda tengo,
que por cierto, es la flor más hermosa,
su belleza es arte, y yo, la contemplo.
Su belleza me impactó
desde el día que la vi.
Mi corazón se enamoró
desde el día que la conocí.
Su belleza no tiene fin,
es la más linda flor
que decora mi jardín.
La riego con amor,
amor juvenil,
que desprende calor.

ENTIÉNDELO

No sé si lo entiendes,
pero tú eres arte.
No es suficiente,
tan solo admirarte
No creo que baste
con bajarte la luna,
tengo que amarte
como a ninguna.
La vida no me alcanzaría
para explicar tu belleza,
pero me conformaría
Con quitar tu tristeza,
con verte todos los días,
de los pies a la cabeza.

CREE EN TI

No necesitas papel para pintar tu futuro,
ni estar dormido para tener lindos sueños.
Lograrás todo cuando de ti mismo estés seguro,
y claro, hazlo con amor y empeño.
Casi todo el tiempo escribo,
para que un día que sea anciano,
pueda leer mi libro vivido,
y saber que mi vida no fue en vano.
Lucho por lo que quiero,
y quiero lo que tengo,
el amor es primero.
Siempre sostengo
un amor sincero,
un amor estupendo.

AMOR PROHIBIDO

Tu sonrisa es arte,
tu cuerpo, poesía,
siempre voy a amarte,
por el resto de mi vida.
Mi vida no es vida
si no la vivo contigo.
Siempre encuentro una salida
en tus besos perdidos.
Un amor de adolescentes,
un amor prohibido,
un amor tan inocente.
Aunque no está permitido,
te llevo en mi mente,
y te dedico mis latidos.

POR MÁS QUE TRATO

Trato de no pensarte,
trato de olvidarte,
trato de ya no hablarte,
pero estoy condenado a amarte.
Eres mi todo,
y todo lo quiero contigo,
te quiero a mi modo,
te quiero conmigo.
No importa lo que suceda,
te seguiré queriendo,
tal vez sienta que ya no pueda.
Tal vez esté enloqueciendo,
probablemente, por ti muera,
y te seguiré prefiriendo.

UNA TAN SOLA MUJER

Llegaste de la nada,
y no te cambiaré por nada del mundo,
te convertiste en mi amada,
me enamoré al verte un segundo.
No tengo hora para inspirarme,
me inspiro casi todo el tiempo,
solo basta de tu rostro acordarme
para convertir en arte ese momento.
Tanta ternura que contiene
una tan sola mujer,
quizás no me conviene.
Pero no puedo dejarte de querer
¿Por qué no se detiene?
Este amor no se va a perder.

UNA TAN SOLA MUJER

Toda una doncella,
toda una princesa,
ella no es bella
ella es la belleza.
Ternura inexplicable,
cada vez que suspira,
sonrisa inigualable,
este hombre te admira.
Como una obra de arte
cautivas mi corazón,
con tan solo pensarte.
Me lleno de emoción,
imagínate al mirarte,
me muero de pasión.

SI TE VUELVO A VER

Si un día te vuelvo a ver,
ese día, otra vez, te diré lo mismo,
que no te quiero perder,
no quiero quedar en este abismo.
Si mis ojos tuvieran esa virtud
de verte otra a vez en mí camino,
otra vez te diría con exactitud
¡Te amaré sin importar mi destino!
Son tantas las ganas que tengo
de algún día volverte a ver
en mi vida, lo que menos pretendo.
Es dejarte de querer,
mi amor por ti lo sostengo,
y siempre lo voy a hacer.

ANHELANDO TU BELLEZA

Mirando las nubes del cielo,
pensando en tu sonrisa,
recordando con tanto anhelo,
tu mirada que hipnotiza.
Sintiendo tus manos que,
son más suaves que la brisa,
perdido en tus besos quedé,
y prisionero de tus caricias.
Como una galaxia sin estrellas,
sin ninguna explicación,
aún recuerdo la noche aquella
que me entregaste tu amor,
diría que no eres la más bella,
si no conociera tu corazón.

SENTIMIENTO ABSTRACTO

Amo odiarte,
y odio haberte querido.
Deseo no desearte,
y quiero olvidar que no te olvido.
Sentimientos encontrados,
cariño con resentimiento,
estuviste a mi lado,
y causaste solo sufrimiento.
Y yo que te di todo mi amor,
yo que pensé que me amabas,
a cambio, recibí solo dolor.
Mis lágrimas se derramaban
mientras observaba lo peor,
mientras sentía que me olvidabas.

NO ME ELIJAS A MÍ

Porque no soy quien aparento,
porque no sé amar,
porque solo sé dar sufrimiento,
solo te haré llorar.
No sé qué es felicidad,
no esperes eso de mí,
pero la quiero encontrar,
encontrarla junto a ti.
Nunca fui amado,
esa es la razón
de odiar demasiado
A lo que llaman amor,
si me quieres a tu lado,
no me elijas por favor.

TE FUISTE

Nunca me imaginé
que te fueras de mi lado,
nunca lo pensé,
quedar triste y abandonado.
Ahora que estoy sin ti,
no sé qué me va a pasar,
no sé si esperarte aquí,
o tendré que irte a buscar.
Lo único que me da consuelo
es saber que nos amamos,
yo por uno de tus besos muero.
Un futuro juntos soñamos,
con mucha paciencia espero,
volver a verte y decir te amo.

MÁS FÁCIL

Es más fácil bajarte la luna,
o tapar el sol con un dedo,
ganar en la loto una fortuna,
o que un ciego guíe a otro ciego.
Es muchísimo más fácil
contar las estrellas del cielo.
Que un diamante sea frágil,
pasar 100 noches de desvelo.
Es mucho más sencillo
en un desierto sobrevivir,
entre el calor y el frío.
Y como si nada, seguir,
es más fácil todo esto que te digo,
que dejar de pensar en ti.

CONFUSIÓN

¿Quién soy? Me pregunto,
ahora que no te tengo,
seré un pobre vagabundo
en medio del sufrimiento.
Qué haré sin tu mirada,
ya no existe mi alegría,
qué haré sin tus llamadas
que me llenan de vida.
Otra vez me pregunto,
mientras mi alma se desvive,
y esta vez, más me confundo.
Mi corazón sufriendo sigue,
sin ti, nadie soy en este mundo,
es la única respuesta que recibe.

AMA TU VIDA

¿Por qué tratar de morir?
¿Por qué no vivir tu vida?
¿Por qué quieres huir?
Esa no es la única salida.
Tan maravilloso que es nacer,
tan bello que es poder vivir,
y tú, esto lo quieres perder,
vive tu día, sin pensar en el fin.
Lo malo nunca se comparte,
Solo lo bueno y verdadero,
la vida es una obra de arte.
Y admirarla es lo que quiero
¿Y tú morirás como un cobarde?
¿O vivirás como un guerrero?

MI NOVIA IMAGINARIA

Belleza inigualable,
que enamora en seguida,
como el agua potable,
te necesito en mi vida.
Demasiado amable,
su ternura me cautiva,
su sonrisa estable,
me llena de alegría.
Aunque solo vives en mi mente,
eres producto de mi imaginación.
Un día sé que estarás presente.
Y te entregaré mi corazón,
que estoy loco dice la gente,
pero loco por tu amor.

¿QUIERES SER MI NOVIA?

Llevo demasiado tiempo,
y te quiero hacer una pregunta,
he esperado este momento,
y espero no te confundas.
Ya que no encuentro la manera
de expresar esto que siento,
si lo que pienso tú lo supieras,
por mí estuvieras enloqueciendo.
Siendo sincero, estoy nervioso,
pero, por razones obvias,
trato de ser un poco amoroso.
Pero esta pregunta me agobia,
no sé si es un poco peligroso
Preguntarte ¿Quieres ser mi novia?

UN POETA Y ALGO MÁS

Lo que imagino, lo pinto,
lo que veo, lo dibujo,
escribo algo distinto,
lo que mi mente dedujo.
No sé aún
si mi vida es distinta,
son palabras de un
poeta que pinta.
Admiro el horizonte,
también el sol naciente,
soy un humilde joven.
Que expresa lo que siente,
hasta que el sol se esconde
y sale la luna resplandeciente.

EL SECRETO DE LA TIERRA

La tierra le dijo al sol, te diré un secreto, y es qué, yo quiero a marte sin importar los millones de km que nos separa, y solo quiero que tú, sol, sí, tú, sol, le lleves mi carta, donde le digo que, lo amo sin importar las circunstancias que, aunque existen millones de galaxias y millones de planetas, yo sigo escogiéndolo a él, y que no quiero que lo nuestro sea rápido como tus rayos, sol, solo quiero contarte que llegar a marte es mi mayor sueño, quizás, para ti, lo nuestro sea algo pequeño, quizás debí contárselo a Saturno, quizás me pida matrimonio con el anillo de júpiter, o tal vez, él ame una estrella, tal vez esté enamorado de la luna, o de algo más bello que yo, pienso en eso y me duele, ya que no sé si llegue a amarme, porque día a día estoy más contaminada, día a día estoy más deforestada, ya mis paisajes, que es mi maquillaje, los han destruido, ya mis ríos, que son mi sonrisa, los han secado, solo hay guerra dentro de mí, solo hay tristeza, e injusticias, que día a día me consumen, quién podría amar a un planeta así; que quiere llegar a marte, pero se destruye día a día...

Y mientras la tierra narraba su situación, el sol la miraba, y lágrimas de tristeza derramaba, ya que sabía que quizás, llegar a marte la destruiría, quizás, al lograrlo, de ella se olvidarían, aunque también sabía que, su amor era infinito, que su belleza era infinita y así le respondía.

Tierra, quién no podría amarte, si de todo el universo eres lo más bello que existe, y como tú misma dijiste, podrán haber miles de galaxias y miles de planetas, pero nada se compara contigo, nada será igual que tú, quiero que sepas que disfruto cada vez que uno de mis rayos acarician tu piel, y que sé que podrás llegar a marte, a pesar de las circunstancias, a pesar de que día a día te maltratan, a pesar de que no te valoran, a pesar de todo eso, tú sigues fuerte y siempre nos regalas un lindo amanecer, un lindo día, un lindo atardecer, una linda noche, un lindo paisaje y una fresca brisa, quizás nadie te lo diga, pero esas son cosas que enamoran y que no encontraremos en ningún otro planeta, quizás si te valoraran más, si te amaran más, serías más perfecta, darte luz es un placer, darte calor también lo es, y tú, pensando que no podrías llegar a marte, quizás no eres el centro del universo, pero sí el centro de atracción de todo el universo, en especial de nuestro sistema solar, nos sentimos tan orgullosos de tener con nosotros al planeta más hermoso y nos duele que no te quieran, quienes tu proteges...

Tierra solo quiero que sepas que marte no es el único que llegará a amarte.

ASÍ TE DESCRIBO

Entre tantas botellas, recordando a mi doncella, admirándote como a una estrella ¿Por qué eres la más bella estoy preguntándome? Y siempre me quedo con la duda, no existe explicación alguna, como un chiste, sin gracia alguna, como el cielo sin la luna. Como el día sin la luz del sol, que lo alumbre y le dé calor, así es mi vida sin tu amor, quedó en la penumbra y lleno de dolor. Lleno de sufrimiento que me va conduciendo a un infierno, algo pleno y estupendo, porque, aunque esté sufriendo, tú eres lo más tierno. Que tengo en esta vida, en seguida, te digo lo que más me gusta, y es tu sonrisa divina que me envuelve y mi felicidad ajusta, me hipnotiza, me lastima, y otra vez, vuelves con amor, pero de manera injusta.

LA RAZÓN POR LA QUE ESCRIBO

Escribir ya es mi nueva droga,
recitar es mi mejor pasatiempo,
mi alma siempre se desahoga
cuando escribo lo que siento.
Es algo que no puedo explicar,
es algo demasiado adictivo,
quizás no lo logres a imaginar,
tal vez solo sea algo alusivo.
No trato de escribir algo bonito,
disfruto lo bonito que es escribir,
escribo todo aquello que no grito.
Escribo todo lo que puedo sentir,
es algo que ni yo mismo explico,
es algo que se apoderó de mí.

MIS VERSOS

Yo no quiero ser ningún poeta,
solo quiero expresar lo que siento,
a través de rimas imperfectas,
que relatan mis sentimientos.
Los versos más tristes aún viven en mi corazón,
las prosas más dolorosas aún están en mi alma,
mi tristeza forma poesías con mucha pasión,
que, al leerlas, mi sufrimiento, calma.
Versos llenos de tanto amor,
versos llenos de alegría,
versos escritos con dolor,
versos de mis más tristes días,
pero nunca me falta la inspiración
para escribirte una linda poesía.

AL MIRAR LA LUNA

Los ojos se me llenaban de brillo,
sentía paz y plenitud en mi alma,
mi corazón ya no tenía más frío,
era como un sueño sin alarma.
Como quien se fuma un cigarrillo,
y con ello todo su estrés lo calma,
era algo que nunca había vivido,
era único y seguro como el karma.
Mi vida sí que era menos intensa,
como un afortunado sin fortuna,
me llenaba de una alegría inmensa,
aunque aún no tenía idea alguna,
y por un momento me di cuenta,
que simplemente miraba la luna.

MADRE

Esto es para la mejor mujer del mundo,
para la mujer más admirable
¿Por qué es tan perfecta me pregunto?
Estoy hablando de mi madre.
Sé que el amor sí existe,
y en su máximo expresión.
Siempre para mí estuviste,
gracias de todo corazón.
Perdón por el daño causado,
perdón si te he hecho sufrir,
madre, yo te amo demasiado.
Madre estoy orgulloso de ti
quédate siempre a mi lado,
por favor no te alejes de mí.

TU RECUERDO AMARGO

Siempre digo que estoy excelente,
y de esta mentira estoy harto,
recuerdos felices de mi mente,
hacen mi presente amargo.
Tus ojos invaden mi memoria,
y todo el amor que te conservo
aunque todo ya sea solo historia,
aunque todo sea solo recuerdos.
No sabes cuánto he sufrido
desde el día en que te perdí,
nunca a nadie había querido
Nunca nadie me hizo feliz,
yo quiero estar contigo,
aunque puedo vivir sin ti.

QUISIERA

Quisiera saber si hay algún portal, algún camino o una vereda, para poder llegar hasta ti, poderte abrazar y contarte mis tragedias. Quisiera saber si hay vida después de la muerte, si otra vez podré verte, sé que nada es para siempre, pero sé que siempre vivirás en mi corazón y en mi mente. Quisiera comprobar que estás bien, que me cuidas desde donde estés, quisiera el tiempo retroceder, verte de frente y decirte que no te quiero perder. Quisiera poder ser más fuerte, poder avanzar sin tenerte en mi vida, quisiera tener la valentía de estar lleno de alegría y sonreír día a día. Quiero que sepas que lo estoy logrando, todo aquello que te prometí, y aunque me está costando mis logros, todos son por ti, quiero que te enteres que estoy triunfando en todo, menos en ser feliz.

Estoy tan solo que incluso,
no veo a nadie cuando me paro
en frente del espejo,
me abandonó hasta mi propia
sombra, he quedado hasta sin
reflejo.

UN LOCO ENAMORADO

Siento que estoy enloqueciendo, el 99% de mis pensamientos no están nada cuerdos, siento que estoy muriendo, pero vuelvo a la vida en el momento en que a los ojos te estoy viendo. Siento que estoy perdiendo el juicio de la razón, y me estoy conduciendo a un mundo terco, lleno de tus recuerdos, que hacen que mis sentimientos estén sufriendo. Estoy atento, y no pretendo escapar de este laberinto que me mata por dentro, no entiendo nada de lo que está sucediendo, pero todo es distinto cuando en frente te tengo. Y te digo te amo, te doy un beso, aun sabiendo que tu amor me hace daño, es algo extraño, como un pastor sin su rebaño, así quedo sino te agarro de la mano. Me acuerdo de ti y te escribo miles y miles de poesías, sé que te perdí, pero ven aquí, que yo te espero todos los días, que estoy loco dicen de mí, pero loco por ti, y quiero estar loco toda mi vida.

Parecemos 2 guionistas
sacados de un libro de filosofía
y poesía al mismo tiempo;
porque los dos formamos pensamientos
y sentimientos mutuos que solo
nosotros comprenderemos.

SIENDO REALISTA

Quiero sonreír día a día, estar lleno de felicidad y alegría, pero al salir a la calle, noto hipocresía en cada alma vacía. En cada esquina, en cada niño que alimento mendiga, es imposible ignorar la realidad que nos rodea y nos determina. Como unos cobardes, no agradecemos por nuestro pan mientras otros mueren de hambre, ver a tus hijos llorar y pedir comida hace que cualquiera se manche las manos de sangre. Mientras unos todas las noches agradecen al padre por tener un techo, otros lloran por no tener donde acostarse. Y todavía dicen que la vida es demasiada bonita, pues claro, sino te importa el sufrimiento ajeno, eso lo explica, la mía se complica, y al ver la injusticia, es tener un alfiler en mi corazón, que lo hiere cada vez que palpita.

ODIO A LA VIDA

Rabia y odio es lo que tengo dentro de mi pecho, y lo demuestro en cada momento para quedar satisfecho. Es casi perfecto, este sentimiento de rencor a la vida que me está matando. Me siento molesto cada vez que despierto y me doy cuenta que sigo respirando. En medio de la soledad, me acabijo y con la tristeza converso, mi corazón de lágrimas tiene un río y mi ira es más grande que el universo. Mientras escribo estos versos mi alma está ardiendo, y hasta me siento molesto con el lápiz que estoy escribiendo. La hoja que usé, la quemé como a mis malos recuerdos, quisiera quemar felices, pero esos momentos no los retengo, y tenerlos no pretendo, la vida es amarga por eso odio le tengo.

TU ERROR

Podrán admirar tu mirada, pero solo yo tengo la dicha de leerla, podrán admirar tu alma, pero solo yo tuve la dicha de conocerla. Podrán admirar tus manos, pero tus caricias serán sólo para mí, podrán admirar tus labios, pero tu mejor beso yo te lo di. Llegarán a leer tu pasado, pero soy el único que lo puede desglosar, llegarán a conocer tu corazón, pero soy el único que lo pudo tocar. Se enamorarán de tu forma de ser tan única y especial, pero cuando estabas conmigo lo lindo era aún más. Seremos la historia no leída pero jamás olvidada, seré el error de tu vida, pero el error que amas, te esperaré toda mi vida y te amaré así terminemos en la nada.

***Quizás fuimos destinados para amarnos como nunca,
con el detalle que nunca podremos estar juntos.***

HASTA DESPUÉS DE LA MUERTE

Quiero llegar donde estás, darte mi mano para así poderte abrazar y poderte besar, pero me doy cuenta que eso no lo voy a lograr porque los demonios al cielo no pueden entrar. Y sigo atrapado en un mundo diferente, donde mi realidad es inconsciente, mientras mi conciencia es el referente que a diario me repite que estoy demente. Y si lo estoy es por ti, no me bastó con verte, con conocerte, también quiero tenerte junto a mí, pero eso solo sucede en mis sueños y sufro de insomnio para mi mala suerte. Aunque la suerte es existencial, quizás pueda cambiar cuando miles de portales pueda atravesar hasta lograr llegar a ti, pero siempre termino en el mismo infierno qué más puedo esperar. En mi memoria sin recuerdos, no es algo cuerdo que no te pueda olvidar, solo conservo odio en mi pecho, pero en medio de la rabia cada día te amo más. Si la vida nos separa, entonces que la muerte nos una, porque hasta después de muerto te voy amar.

No te dejaré de amar
pero sí dejaré de
insistirte que aún
podemos tener un
final feliz.

Prefiero 10 minutos con mis amigos
mirando las estrellas,
que toda una vida solo
en la ciudad más lujosa y bella.

LIBERTAD CON CENSURA

Quizás soy un inerte en este mundo, que quiere matar a la muerte, y no es suerte, pero en menos de un segundo a la confusión yo confundo. Respuestas sin preguntas me pregunto, preguntas sin respuestas hay demasiadas como viajes sin rumbos como mentiras tan honestas. Como verdades tan vacías, sentimientos tan simples y sin sentido, como el que no ha querido ser el mismo porque antes imitar a otro prefiero. Como el libro en blanco que se ha leído, como la canción que no se ha escuchado, pero se ha vivido y cuando crees que has sobrevivido, la muerte te ha llegado. Pero te ha permitido sufrir un día más y te recuerda que eres libre de hacer lo que quieras, pero si haces algo mal al infierno vas, y de ahí no podrás volver, entonces te enteras que no hay libertad absoluta porque hay límites que debes obedecer.

INSIGTH

Agarro mi lápiz y comienza mi viaje a un mundo diferente donde lo más tierno es salvaje, y escribo poesías que no son para que te relajes sino para que también sientas mis trastornos mentales, probablemente en esta vida no encaje y no te asombre si solo pensamientos oscuros traje. No te asombres si soy la nube negra de tu paisaje, pero me comprenderás cuando a mi inframundo tu bajes. Mis mayores miedos no los maté, tampoco los enfrenté, pero si a ellos me uní, con ellos me enredé y si un día pensé que me hacían sufrir ahora sé que me hacen feliz. Como una canción de cuna que no te deja dormir, como la muerte que no te deja vivir, así quiero huir de estos pensamientos que a diario llegan y solo me queda de ellos escribir. Y trato de comprender por qué tantas cosas no comprendo, por ejemplo, ni siquiera tengo la dicha de estar seguro si esta vida la estoy viviendo. Tengo la incógnita que me está consumiendo, quizás sea solo un muerto que aún tiene aliento…

MUNDO OSCURO

Le encontré el lado bueno a mi mundo oscuro, ya no tengo barreras ni muros, en mi mundo existencial ya no me siento inseguro, más bien en él mi vida estructuro. No te aseguro que sea algo fácil de entender, a veces en él vivo momentos muy duros, y huyó de toda realidad porque siento que lo real conmigo ha sido muy triste, te lo juro. Mi futuro es incierto, mi pasado solo me dejó enseñanzas y mi presente lo consumo sin darme cuenta que mi vida incierta, la pierdo mientras en una fantasía me abrumo. Pienso más de lo que hago y hago cosas sin pensarlas, amo sin miedo a ser traicionado, pero cada día el amor más se acaba. Odio es la doctrina que necesito para poder sobrevivir, hasta que me di cuenta que estoy sobreviviendo, pero no siendo feliz. Mundo oscuro es en el que habitamos, y un mundo lindo sueño, pero ya no puedo ni dormir.

SUBNORMALIDAD

Escribo poesías que parecen rituales cuando caigo en mis crisis existenciales. Una descomposición de mis cuerdas vocales luego de leer lo que escribo, mi libreta ardiendo en llamas sale. La pena nada lo vale, vale más ser sincero y expresar lo que de tu corazón y mente sale, y lo que pienso, te lo explico con detalle, pienso en hacer un infierno para Dios por permitir tantos males. Mis pensamientos irracionales, mezclados con conjugaciones verbales son más reales que tu fe en la felicidad, pero tu tristeza es notable con suficientes lágrimas para llenar mares. Luego te acusan de tener trastornos mentales simplemente por gritarles en sus caras las verdades, que se acoplan en esta vida loca que olvida las cosas especiales. Mientras camino descalzo por las calles de mi infierno interno, me alejo de lo externo, luego recito pensamientos recíprocos que escribí en mi cuaderno. Mi filosofía la elevo y bajo el ego de saberlo todo mientras controlo mi corazón enfermo.

PENSAMIENTO DIVERGENTE

Cada noche mis noches son más difíciles, tristes y diferentes, escucho una voz que siempre susurra en mi mente pensamientos incoherentes. Yo solo soy un adolescente que probablemente no entiende lo que siente, o tal vez solo sea un exponente buscando la verdad de una forma adyacente. Yo mismo soy mi peor oponente y el referente que quiere ser la causa de mi propia muerte, que estés en un paraíso es algo contingente, pero prefiero en el infierno verte. A la felicidad le digo —¡Yo no quiero tenerte! Y si el amor es suerte prefiero la mala suerte. Soledad: Yo no quiero perderte y no quiere decir que sufra de síndrome de asperger. Mi mente sin neuronas y comunicaciones emblemáticas, ejerce, y otra vez la voz de mi mente me susurra y me dice: ¡Qué triste fue conocerte! Mientras mi vida se convierte en una pesadilla de la cual no creo que despierte.

MI VIDA

Mi vida a través de líneas vacías y simples, se estructura, se alimenta con la soledad y se envuelve en la escritura. Sin cambiar de postura y con miles de aperturas, noto que es dura mientras la luna desde lejos me mira y contempla mi alma impura. Pero sincera y siempre me aconseja, que mejor le ponga cerradura, aunque sigue dura con una enfermedad que día a día mi corazón cura. Seguramente en mi mente siempre encuentres todo menos la cordura, ya que no es suficiente ir silenciosamente cuando mi conciencia interactúa. Luego de advertirme que por mis arterias veneno es lo que circula con el odio y con el amor, con el cerebro y el corazón, mi vida se efectúa, siento lo que pienso y pienso en cosas que no siento, en este laberinto es donde mi vida se sitúa.

POR TU SONRISA

A mi lado no estoy viéndote, pero si en mi corazón estoy sintiéndote. Estoy olvidando que quiero olvidarte y sin querer queriendo más estoy queriéndote. Mi preferencia siempre será estar prefiriéndote, y que se consuma mi vida cuando a los ojos esté mirándote cada día que pasa es un día que más estoy amándote y disculpa si te cuentan que todo el tiempo estoy mencionándote. Te pido perdón por aferrarme a nuestro amor casi imposible, pierdo la razón cuando escribo con dolor y brotan mis lágrimas audibles. Ya van varios años que no estás a mi lado, pero tus besos siguen con el sabor intacto marcado en mis labios que al recordarlos hacen que me olvide de todo lo malo y si aún no lo has notado, este hombre por tu sonrisa vive.

EL TESTIMONIO DE UN AMOR PERDIDO

El día en que ella lo vio, supo que de él se enamoraría, el día en que él la vio, supo que sería la causa de su alegría. Nunca se imaginaron que entre ellos tanto amor surgiría, mucho menos pensaron que por ese amor también sufrirían. Nunca pensó que un solo error de él, lograría que todo aquello se perdiera, más sabiendo que nadie es perfecto y le dolía que ella eso no comprendiera. A pesar de que ella lo perdonó, nunca olvidó el daño causado, y él nunca aceptó que ella lo olvidó y siguió de su sonrisa enamorado. Después pasó a ser nada más que un pobre muerto en vida, triste y solo murió y le dejó escrito algo que decía: Te veré donde Dios decida. Y el pobre infeliz de este testimonio desgarrador, es este hombre que te escribe esta poesía.

VERDAD: SENTENCIA DE MUERTE

A través del Internet y la televisión, día a día nublan nuestra visión, promoviendo droga y sexo en cada canción, mientras en las pocas escuelas dan una pobre educación, para así obtener pensamientos pobres para poder seguir creciendo en la pobreza, y cada persona culta para los líderes corruptos es un dolor de cabeza. Todo humano busca el poder por naturaleza, yo busco la verdad y sencillez, por instinto buscan el dinero y en ser los primeros, yo quiero ser el último, pero con madurez. El que piensa diferente se vuelve el blanco, al parecer no quieren que sepas la verdad, porque la verdad es que nadie merece poder. Pero revelar la verdad es saber que enseguida tu vida vas a perder, y hay muchos que prefirieron morir por su verdad que ver otro amanecer. Por ejemplo, Sócrates, Martin Luther King, y el mismo Jesús de Nazaret.

CARTA A DIOS

Soy un hijo de Dios y cada vez que lo repito me siento orgulloso, probablemente mi mente no está lista para entender algo tan maravilloso, pero si me siento demasiado afortunado al saber que me ama el todo poderoso, el que desecha el pecado, pero ama al pecador, el que se pasa de bondadoso, el que siempre está a mi lado en los momentos más dolorosos, el que me da fuerzas cada día para transmitir esa alegría a todos nosotros ¿Cómo me negaría a amar algo tan único y perfecto? Nunca me atrevería en mi vida faltarle el respeto, aunque mis acciones muestren lo contrario a diario a él agradezco, y le hago preguntas, cosas que como humano siento que no merezco, y vuelvo a lo mismo, a agradecerle, pero esta vez por crearme tan honesto.

EL MEJOR AROMA

Olvidé todo aquello que me hacía daño,
ese aroma que alimentaba mi alma,
me muestra la verdad en medio del engaño,
altera mi corazón y a la vez lo calma.
Un suspiro era más que suficiente
para reiniciar toda mi demacrada vida,
un suspiro que acaricia mi alma y mente,
un suspiro que daba felicidad a mi día.
Entre suspiros me la paso escribiendo,
entre suspiros quizás pueda enloquecer,
entre suspiros la felicidad estoy sintiendo,
entre suspiros la felicidad la puedo ver,
entre suspiros la mejor fragancia siento,
entre suspiros me enamoré del aroma del café...

UN CASTIGO JUSTO

Un trago amargo que es capaz de quemar el nudo de tu garganta, como el fuego de tu corazón que terminó congelando tu alma. Las lágrimas de tus sentimientos que se derraman y causan tristeza, las mismas lágrimas audibles que reflejan la voz de tu conciencia. Ese mismo veneno que circula por cada una de tus arterias, y sientes que poco a poco cada una de tus células las envenena. Es la misma sensación de estar enterrado y aun tener vida, luchar por salir, por sobrevivir, pero lentamente tu cuerpo se enfría. Y, no obstante, también sentir miles de alfileres en todo tu cuerpo, con solo suspirar se penetran más y recordar que vas al infierno después de muerto, es en ese momento, donde te acuerdas de tu pena y con tu castigo estás de acuerdo.

UN MUERTO EN VIDA

En esta vida ya experimenté lo malo y lo bueno,
conocí un poco la bondad y también la maldad,
ahora experimentar la muerte es mi mayor sueño,
pero quiero dejar esta vida con orgullo y dignidad.
No sé si cuando muera llegue a un mundo infernal,
o quizás después de la muerte ya no hay nada,
probablemente llegue a un paraíso celestial,
probablemente la vida sólo es la muerte reflejada.
Nadie quiere que la muerte a su vida llegue,
muy pocos son los que la quieren en seguida,
eso depende del tipo de vida que lleves.
Eso depende de las victorias y las caídas,
algunos vivir pensando en la muerte prefieren,
pero yo simplemente soy un muerto en vida.

LO QUE REFLEJO

Pienso en lo que siento, y siento cosas que sin pensarlas me están consumiendo, en medio de los sentimientos internos que mi alma va pudriendo con un amor sangriento, mientras que en mi pecho se está creando un infierno. En un cielo negro me desprendo, con una sola nube que la luna me está cubriendo, tengo la fe de que mi fe la estaré perdiendo, y ya ni sé si estoy viviendo o muriendo, internamente en mi mente, se desgarra mi piel, ese fuego inmunógeno que está ardiendo, descubriendo caminos que me están perdiendo, pero yo, no me arrepiento, mi razón me está enloqueciendo y el dolor es el motor que acelera mi corazón, mientras intento, salir electo, por supuesto en el mundo infernal que me da aliento, y no te miento cuando te digo que conocerás el tormento cuando a la cara me estés viendo.

LO QUE YA AMO

De vez en cuando sé que volveré a tu memoria,
de vez en cuando tendrás ese dilema,
de vez en cuando recordarás nuestra historia,
de vez en cuando leerás mis poemas.
Cada vez que te acuerdes y pienses en mí,
vas a sonreír y tu corazón estará lleno de calor,
no dudes que también estaré pensando en ti
y telepáticamente con delicadeza, te haré el amor.
amo todo aquello que me hace sufrir,
amo todo aquello que me deja casi muerto,
amo la idea de algún día poder ser feliz,
amo estar solo pensando en tus recuerdos,
pero odio el día en que a vos te perdí,
y ya amo el día que volveremos a vernos.

UNA VIDA PERFECTA

Señora inspiración musa dueña de mis sentimientos, la que controla mis recuerdos, usted que me acompaña en todo momento y hace que este pobre iluso tenga pensamientos no cuerdos, me envuelve en sus juegos lento, me dicta emociones de resentimiento, emociones de amor, odio, felicidad y rencor; hasta la sensación de las caricias del viento, si está conmigo me siento mejor, escribiendo palabras que me dicta le hago el amor, mi libreta a usted está adicta, y mi mente se olvida de todo si estamos solos en mi habitación. Cada verso que escribo son miles de besos que le doy, cada noche que, a su lado paso, y si no está conmigo siento que yo tampoco estoy, cada frase que de usted he leído es un abrazo, es como volar por las nubes sin límites ni siluetas, la ama, no lo dude, y el día que no llega eso me inquieta. Mi señora inspiración y una tacita de café hacen mi vida perfecta.

LO QUE QUIERO DE TI

Sería hipócrita de mi parte si te dijera que te veo y no te deseo, ese cuerpo tan perfecto, único y a la vez complejo, suspiro y pienso, lo maravilloso que sería besar todo tu cuerpo, parte por parte hasta saciarme por completo. Hacerte un poema oral es mi mayor y único sueño, que tiemblen tus piernas y me agarres del pelo, que sientas que con un pecado estás tocando el mismísimo cielo, mientras yo me sentiré en el infierno porque de placer estaré ardiendo. Suelo pensar en ti y eso me hace sentir demasiado feliz, la noche se hace larga cuando pienso que te tengo junto a mí, que me beses, me desees y mueras de placer, eso quiero de ti...

PIENSO

Pienso en tu sonrisa y pierdo la noción del tiempo,
siento tus caricias con solo acordarme de ti,
pensándote paso cada instante de mi vida,
tus recuerdos son la inspiración de mis días
y así es mi rutina desde que no estás.
¿Mujer, por qué te tuve que perder?
Pasarán los días y seguirás en mi memoria,
pasarán los meses y dudo que eso cambie,
llegará año tras año y siempre te pensaré,
y sería una pena que muriera sin tenerte
otra vez conmigo, aun sueño con verte,
aún sueño con volverte a besar y tocar el cielo.
Pienso y sigo pensando cuándo llegarás,
cada tarde anhelo con verte sonreír,
cada tarde pienso en ti y me siento muy feliz,
pienso en cómo podré seguir sin estar a tu lado,
y recuerdo que pensarte me hace más fuerte,
pienso en ti y así mi corazón sigue latiendo.

VERSOS MERLUZOS

Tengo miedo a las verdades irracionales que día a día en mi mente sobresalen, hacerme el fuerte no me vale y me pierdo en pensamientos que no son argumentales, se secaron mis mares al saber que el monstruo de mi habitación soy yo mismo, y lo que causa mi insomnio es la voz de mi conciencia que susurra desde un abismo, siendo prisionero de mi misma celda, ahogándome en los recuerdos sin darme cuenta, mi alma está en una pesadilla de la cual no despierta, mientras mis temores aumentan, poco a poco por dentro me pudro, mi sangre se convirtió en un drenaje turbio, luego siento como muy lento me hundo, mientras en mi viaje un mundo nuevo descubro. Si algún día tendré la razón me pregunto, tan siquiera por un segundo, pero noto que mientras más me cuestiono más me confundo, y me doy cuenta que mi pensamiento vagabundo, es solo un sentimiento nauseabundo.

DESHABITADO

Mi mejor inspiración, nació en un rincón, en la esquina de mi habitación, la soledad me tocó, navegué en mis prosas y de forma hermosa se llenó mi corazón, en otro rincón de mi cuarto, me di cuenta que podía tocar la luna de manera incógnita, con un ron amargo y de forma abstracta, al mismo tiempo insólita, con mis ideas atómicas, que cada una de ellas describían mi viaje a lo desconocido, haciendo muchas referencias, como el deseo que causa lo prohibido o la ablución de mi misma conciencia, la sabiduría es parte de la experiencia y si presumes de humildad, tu espíritu está en decadencia, lo que escribo es como una radio sin audiencia y lo que siento no lo explica ni la ciencia, logro tocar la poesía con mis manos imperfectas de manera casi inconsciente, mi mayor limite lo alcanzo en mi punto más decadente, y por si no fuera suficiente, hay odio en mi pecho y amor en mi mente...

TUS OJOS

En una tarde común y corriente,
nunca pensé lo que descubriría,
nunca se cruzó por mí mente
que los ojos perfectos conocerían
La chica de camisa anaranjada
que se sentó en frente de mí,
de inmediato mi corazón sonrojaba
aunque no se lo pude decir.
Odio admitir que nunca la volveré a ver,
pero sus ojos siempre los recordaré,
esa mirada que a cualquiera puede enloquecer
Y yo tuve la dicha de poderla conocer,
"En este mundo nada perfecto puede haber"
esa frase usted hoy la vino a joder...

OBSESIÓN

La belleza queda en segundo plano si tu imagen se hace presente, para explicar lo que es arte tu sonrisa es más que suficiente, es imposible que no domines la mente de un hombre al hacerte presente, y con solo verte caminar, da igual a que me tientes como lo hizo la serpiente que peco una y otra vez, cada vez que tu figura veo. Peco cada vez que huelo tu pelo, eso me lleva al cielo y te deseo, te juro que hacerlo no quiero; pero dejarlo de hacer no puedo, tal vez sí, pero no quiero, solo quiero robarte un beso, pero no me atrevo. Eres una combinación de sencillez y mucha elegancia, un aroma perfecto que hasta las rosas quieren tu fragancia, sé que llegará el día en que serás mía y ese momento lo espero con ansias.

Ámame, aunque mis labios odio te pidan,
sálvame, aunque odie mi vida
y hazme soñar en medio de esta pesadilla.

DESCÍFRALO

Mi vida poco a poco se vuelve más triste
a pesar de que respiro siento que muero,
gracias por todo el amor que me diste,
no me arrepiento ni un poco de lo nuestro.
Oscuro es mi presente, pero me alienta recordar
los bellos momentos que viví contigo,
inolvidables son, te juro que no los podré olvidar
a pesar de que ya no estás conmigo.
Te prometo que no te dejaré de amar,
espero el día que regreses a mi vida,
ansío el día que te vuelva a besar.
Mi alma ya no estaría más vacía,
otros 12 meses que te tengo que esperar,
otro año viviendo esta pesadilla.

SEGUIRÉ

Y sigo aquí, ahogándome en mis penas,
sigo aquí, viviendo de tantos recuerdos,
sigo, soñando con que usted vuelva,
pero dese cuenta que fuerzas ya no tengo
Y aquí seguiré, reconstruyendo mi corazón,
aquí seguiré, como un pobre vagabundo,
un vagabundo que mendiga un poco de amor,
uno que quiere regalarte todo el mundo.
Pero al final termina dando dolor y tristeza,
siempre termina dando todo lo contrario,
aunque sus intenciones no son esas.
Y aquí seguiré amándote a diario,
aquí seguiré con este rompe cabezas,
seguiré tratando de odiarte, siento que es necesario.

**Un día sentí que moría, solo quería llorar,
huir de mi triste realidad.
Describí todo ese odio y rencor en una hoja,
sentí que me desahogué como nunca lo había hecho.
Ese día; escribí mi primera poesía.**

UN PATÉTICO

Otra mañana que despierto pensando en ti, otra mañana que te escribo poesías que nunca leerás, un día más que no podré sonreír, un día más en mi triste pena que no se aleja jamás. Si tan siquiera notaras lo cursi y patético que me convertiste, si te dieras la oportunidad de volver, pero aún sigues creyendo que lo que siento es un chiste, entiéndelo de una vez que te amo mujer. Te prometí que siempre estaría para ti y sabes que siempre cumplo mis promesas, y arrepentirme de hacerlo es algo que nunca pasará por mi cabeza. Odio saber que te sigo amando, odio saber que toda mi vida lo haré, odio las noches que por mí pasaste llorando, odio que de mi te alejes. Amo saber que en mi sigues pensando, pero odio saber que cada día me piensas menos, amo recordar el sabor de tus labios, odio saber que nunca junto a los míos volveré a tenerlos, amo escribirte poemas a diario, pero odio saber que nunca podrás leerlos.

Un trago de café amargo para el nudo de tu garganta
Y sentir su aroma es más que suficiente para calentar tu alma.

Siempre nos amaremos, pero fingiremos odiarnos,
Nunca nos buscaremos, pero soñamos con encontrarnos.
Nuestros nombres nunca los mencionaremos,
pero en nuestro corazón estarán sonando.

HOY

Hoy si ni siquiera quiero escribirte una poesía más, hoy solo quiero ser feliz, justamente hoy solo quiero ignorar, que no tenerte me convierte en un pobre infeliz, un vagabundo con rumbo a tu sonrisa perfecta, quiero ignorar que te amo. Hoy no quiero recordar que tu ausencia me afecta, hoy quiero vivir en el engaño, hoy quiero pensar que nunca te he amado, hoy quiero fingir que no estoy enamorado, es el momento perfecto para decirte que te he odiado, que nunca quise estar a tu lado. Hoy ni siquiera diré que en vos he pensado, justo hoy diré que te he olvidado, simplemente he implementado el coraje para verte en el simple pasado. Si ayer agarraste mi mano, me hiciste feliz pero hoy ya soy un desalmado, hoy sé que estoy muriendo por lo que siento y ya no valgo ni un centavo, no sé si te confesé que hoy es el día que más te he extrañado. Hoy te amo más que nunca...

Me gusta tu sonrisa, como el atardecer,
es distante pero única y perfecta, no sé puede comprender,
pero si admirar, tú qué sabes de arte,
sé que notarás que tu sonrisa es una obra más...

AMOR SEMPITERNO

Fuimos dos granitos de arena en la playa de un mar eterno, destinados a no estar juntos, pero si a querernos, de tristeza se llenaba tu corazón al ver como una ola nos separaba lleno de tristeza vivía el mío esperando tu regreso y siguen miles de granitos a mi lado, pero a ti te sigo queriendo, esperando otra ola que me lleve hasta tu lado, no me rendiré y buscaré por todo el océano tu amor sempiterno, ambos cruzaremos el mar para encontrarnos, aunque a la otra orilla lleguemos muriendo.

TE ESPERARÉ

Te esperaré, aunque tú no lo quieras,
te esperaré, aunque tú nunca me esperes,
te esperaré hasta el día en que yo muera
hasta el día en que al infierno llegue.
Espero que desde el cielo me veas
y desde el cielo entiendas y te enteres,
que entre llamas te escribiré poemas,
ya que así mi castigo será más leve.
Hace falta algo más que una eternidad
para que pueda olvidar que te quiero,
te prometo que las necesarias te voy a esperar.
Aunque nunca llegue el día en que nos veamos,
aunque nunca más te vuelva a abrazar,
yo te esperaré y sé que valdrá la pena hacerlo.

El día en que te vi sonreír nació mi inspiración,

y permanecerá mientras siga respirando…

***

AGRADECIMIENTOS

A Dorka Reyes, Durki Castro, Dary Urbina, Yanori Castro, y, Smaycol Raudales.

***

UNE PARTIE
DE MA VIE

Made in United States
Orlando, FL
28 November 2022

25209584R00061